Sentimientos

Enojo

Sarah Medina

Ilustrado por Jo Brooker

Heinemann Library
Chicago, Illinois

Customer Service   888–454–2279
Visit our website at www.heinemannlibrary.com

Photo research by Erica Martin
Designed by Jo Malivoire
Translation into Spanish produced by DoubleO Publishing Services
Printed in China by South China Printing Company Limited

11 10 09 08 07
10 9 8 7 6 5 4 3 2 1

Library of Congress Cataloging-in-Publication Data
Medina, Sarah, 1960-
  [Angry. Spanish]
  Enojo / Sarah Medina ; ilustrado por Jo Brooker.
     p. cm. -- (Sentimientos)
  Includes index.
  ISBN 1-4329-0608-9 (hb - library binding) -- ISBN 1-4329-0615-1 (pb)
  1. Anger--Juvenile literature. I. Brooker, Jo, 1957- II. Title.
  BF575.A5M4318 2007
  152.4'7--dc22

                          2007017079

Acknowledgments
The author and publisher are grateful to the following for permission to reproduce
copyright material: Bananastock p. **22A**, **B**; Getty Images/Taxi p. **22C**; Punchstock/
Photodisc p. **22D**.

Every effort has been made to contact copyright holders of any material reproduced
in this book. Any omissions will be rectified in subsequent printings if notice is given
to the publisher.

Contenido

Algunas palabras están en negrita, **como éstas**. Están explicadas en el glosario de la página 23.

¿Qué es el enojo?

El enojo es un sentimiento. Los **sentimientos** son algo que sientes en tu interior. Todos tenemos diferentes sentimientos todo el tiempo.

felicidad

orgullo

tristeza

Cuando estás enojado, puedes sentir
ira. Puede que sientas calor en la cara.
Te pueden dar ganas de gritar
"¡No es justo!"

¿Qué ocurre cuando estoy enojado?

Algunas veces el enojo te hace querer gritar o chillar. Puede que quieras golpear algo. Puede que te eches a llorar.

El enojo es un **sentimiento** muy fuerte. Te puede dar **dolor de barriga** o de cabeza.

¿Por qué me siento enojado?

Te puedes sentir enojado si alguien rompe tu juguete. O si alguien se porta mal contigo.

Te puedes sentir enojado si no
puedes hacer algo a pesar de
haberte esforzado.

¿Está bien sentirse enojado?

Algunas veces es normal sentirse enojado. Lo importante es cómo reaccionas cuando te sientes enojado.

Cuando estás enojado no debes
lastimar a nadie con lo que digas
o hagas.

¿Qué puedo hacer cuando estoy enojado?

1, 2, 3, 4 ...

Cuando te sientas enojado, mantén el **control**. Respira hondo y cuenta hasta diez.

Dile a alguien que te sientes
enojado. O golpea tu almohada.
¡No le harás daño!

¿Me sentiré enojado siempre?

Los **sentimientos** cambian todo el tiempo.
Tus sentimientos de enojo no durarán para
siempre. Muy pronto te sentirás mejor.

Algunas veces, otras personas pueden estar enojadas por alguna razón. Recuerda que tampoco estarán enojadas por mucho tiempo.

¿Cómo sé si alguien está enojado?

Cuando una persona está enojada, puede verse malhumorada. Puede que te hable fuerte o que te grite.

Puede que no quiera jugar o hablar contigo. Algunas veces, te puede decir cosas feas.

¿Puedo ayudar cuando alguien está enojado?

Puedes ayudar a las personas que están enojadas. Sé amable y ofréceles tu ayuda.

Diles que pueden contarte por qué se sienten enojados. ¡Invítalos a jugar contigo!

¿Es bueno sentirse enojado alguna vez?

Todo el mundo se siente enojado alguna vez. El enojo es aceptable si no te lastima o no lastima a otras personas.

Es bueno saber qué hacer con tus **sentimientos** de enojo. Recuerda que ser feliz es más divertido.

21

¿Qué son estos sentimientos?

A

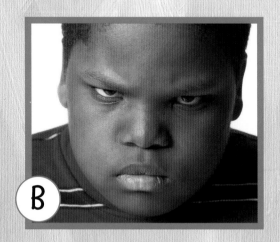

B

C

D

¿Cuál de estos niños parece feliz?
¿Qué sienten los otros niños? Mira en
la página 24 para ver las respuestas.

Glosario ilustrado

sentimiento

algo que sientes en tu interior.
El enojo es un sentimiento.

control

cuando te mantienes
tranquilo, aun cuando te
sientes enojado

dolor de barriga

cuando tienes un malestar
en la barriga

Índice

Respuestas a las preguntas de la página 22

La niña en la foto C se ve feliz. Los otros niños podrían sentirse solos, enojados o tristes.

Nota a padres y maestros

Leer para informarse es parte importante del desarrollo de la lectura en el niño. El aprendizaje comienza con una pregunta sobre algo. Ayuden a los niños a imaginar que son investigadores y anímenlos a hacer preguntas sobre el mundo que los rodea. Muchos capítulos en este libro comienzan con una pregunta. Lean juntos la pregunta. Fíjensen en las imágenes. Hablen sobre cuál piensan que puede ser la respuesta. Después, lean el texto para averiguar si sus predicciones fueron correctas. Piensen en otras preguntas que podrían hacer sobre el tema y comenten dónde podrían encontrar las respuestas. Ayuden a los niños a utilizar el glosario ilustrado y el índice para practicar vocabulario nuevo y destrezas de investigación.